# UNIVERSITÉ

# DE LONDRES

PAR

## M. BUISSON

ANCIEN ÉLÈVE DE L'ÉCOLE NORMALE SUPÉRIEURE.

*EXTRAIT DES PUBLICATIONS*

DE LA

SOCIÉTÉ POUR L'ÉTUDE DES QUESTIONS D'ENSEIGNEMENT SUPÉRIEUR

PARIS

LIBRAIRIE HACHETTE & Cᵉ

79, BOULEVARD SAINT-GERMAIN, 79

1879

# UNIVERSITÉ

# DE LONDRES

PARIS. — IMPRIMERIE ARNOUS DE RIVIÈRE, RUE RACINE, 26.

# UNIVERSITÉ

# DE LONDRES

PAR

## M. BUISSON

ANCIEN ÉLÈVE DE L'ÉCOLE NORMALE SUPÉRIEURE.

*EXTRAIT DES PUBLICATIONS*

DE LA

SOCIÉTÉ POUR L'ÉTUDE DES QUESTIONS D'ENSEIGNEMENT SUPÉRIEUR

PARIS

LIBRAIRIE HACHETTE & Cⁱᵉ

70, BOULEVARD SAINT-GERMAIN, 79

1879

# UNIVERSITÉ

# DE LONDRES

## SOMMAIRE.

Bibliographie.
  I. Historique.
 II. Organisation.
III. Budget.
 IV. Règlements et Examens.
  V. Conclusion.
   Tableaux explicatifs indiquant les conditions, la nature, les programmes
      et les résultats des examens.
   Appendices, I, II, III, IV.

## BIBLIOGRAPHIE.

*London University calendars.*
*Statutes of the senate of the London University.*
*Observations on the probable failure of the University of London by
a member of the University.* Lond. 1825, in-8°.
*Statement of the council...* explanatory of the nature and objects of
the Institution (with prospectus, reports, etc., account of the ceremony
of the laying of the first stone). Lond., 1827, in-8°
*Description of the building for the Univ. of London,* with plan. Lond.,
1828, in-8°
*London University magazine.* Lond., 1829, 2 v. in-8°.
*Metropolitan University.* (Remarks on the ministerial plan of a)
Lond., 1828, in-8°
*Penny Cyclopedia.* 1843.

*University of London :* Analysis of the statutes of different universi-tees ordered by the senate of the Univ. of London, 1840, in-8°.

*D' Rothman, account of the Univ. of London in* Huber : English universities, 3 v. 1843.

*University of London (The senate of).* London, 1847, in-8°.

*London University college magazine.* London, 1849, in-8°.

*London University magazine* 1856-59. Lond., 3. v. in-8°

*London University magazine* 1858-59. new series. 5 n°°.

*Encyclopedia britannica.* 1860.

*University college ; Proceeding and report of the council.* Lond., 1866, in-8°.

*The London student,* Lond., 1867. in-8°.

*A guide to matriculation and graduation at the University of London* (Anonyme : probablement *Rev. A.-H. Killick).* in-12.

DEMOGEOT ET MONTUCCI. *Rapport au ministre sur l'enseignement supé-rieur en Angleterre et en Écosse.*

J. GRIFFITHS. *University Enactments in Parliament.*

*London students gazette.* N°° 1 à 8. Lond., 1872.

KIMBER. T. *London University mathematics.* 1868.

—        *Key to London University mathematical examin.* 1876, for the (second) BA et BSC. (bacc. ès arts et ès sciences).

The Academy, 28 oct. 1876. *Des nouv. Règlements scientifiques à l'Univ. de Londres.*

KIDDLE ET SCHEM. *Cyclopedia of Education.* New-York, 1876.

W. DODDS. *Guide of London University.* Manchester, 1876, in-8°  .

*First, Bac. es Arts at the Univ. of London, handbook* London, 1878.

Discours sur *University college,* a lecture by prof. H. MORLEY. 1879. in-12.

Frazer Magaz. *Influence of the Univ. of London on Educat. in Scotland.* Aug. 1876.

GROOMBRIDGE. *Guide to matriculation at the Univ. of London,* 1878, in-12.

*Civil service estimates* (Blue-books), class. IV for 1878-79.

# I

## HISTORIQUE.

*Siège actuel de l'Université.* — Quand on va de Piccadilly à Burlington-Gardens, il est impossible de ne pas remarquer, au dos du palais de l'Académie des beaux-arts, un monument assez orné, en style italien, dont la vue, si les ombres pouvaient encore hanter les lieux qui leur furent chers, réjouirait sans doute les goûts classiques de l'ancien possesseur de ce coin de Londres, le comte de Burlington. C'est une façade de 250 pieds de long, dont le centre forme un large portique s'avançant entre deux tours carrées à horloge, et qui est surmonté, ainsi que les deux ailes, d'une galerie de balustres élégants sur laquelle se dressent les statues de Newton, Bentham, Milton et Harvey, pour personnifier les sciences, le droit, les lettres et la médecine, c'est-à-dire les quatre Facultés, puis celles de Galien, de Cicéron, d'Aristote, de Platon, d'Archimède et de Justinien pour représenter la culture ancienne. L'aile du côté est a été réservée aux grands hommes étrangers, Galilée, Gœthe, Laplace, par Wyon; Leibnitz, Cuvier et Linnée par Mac-Donell. L'aile du côté ouest est ornée des gloires nationales : Hunter, Hume, Davy, par Noble; Adam Smith, John Locke et Bacon par Theed. Shakspeare n'a pas été oublié mais on lui a préféré Milton avec raison, le grand auteur dramatique ayant été un génie trop indiscipliné pour personnifier les lettres académiques. Du reste, si le dieu n'est pas au seuil il est dans l'intérieur du temple, et sa statue est le premier objet qui frappe le visiteur dans le vestibule de l'Université.

Cet élégant édifice n'a pas été le berceau de l'Université de Londres. Cette Université a eu des débuts difficiles; ce n'est que depuis 1870 que les bâtiments de Burlington-Gardens sont devenus son séjour définitif; jusque-là son siège local s'était plusieurs fois déplacé, et comme on l'a spirituellement dit, l'Université logeait en garni.

Il n'en faut pas douter, cette nécessité où elle fut pendant plusieurs années de transporter souvent ses pénates, a contribué pour une certaine part, dans un pays où l'on juge beaucoup les institutions, comme les individus, par leur position extérieure, à la priver de ce prestige que devait lui attirer tout de suite son rang élevé dans la république des lettres, des sciences et des arts.

Les rivalités politiques en même temps que les controverses religieuses ont fait ressentir leur contre-coup à l'Université naissante, et il est assez curieux de savoir que Whigs et Tories se sont livré bataille jusque sur le choix du plan de construction. Les dessins de l'architecte Pennethorne, adoptés sous le gouvernement libéral par le commissaire en chef des travaux publics, furent rejetés à l'arrivée de l'administration conservatrice, par lord John Manners qui insista pour faire substituer au style classique, trop païen sans doute à ses yeux, une structure en style ecclésiastique qui avait même reçu un commencement d'exécution et qui s'élevait déjà à six pieds au-dessus du sol, quand un retour de l'administration libérale eut pour conséquence un retour au plan original, celui qui l'a définitivement emporté.

*Fondation.* — Sans avoir un long passé, l'Université de Londres a cependant déjà une histoire assez accidentée qui mérite qu'on la raconte et que l'on trouvera à ses débuts au moins, comme c'est le cas de presque toutes les institutions éducatrices de ce côté-ci de la Manche, étroitement liée avec l'histoire religieuse du pays. On verra du reste quel emploi fécond l'Université de Londres a fait de ces quarante années dont se compose à peu près toute son existence. Ses annales qui sont une suite constante de progrès, de développements de plus en plus libéraux et qui permettent d'augurer pour elle de hautes destinées, nous la représentent comme un corps animé d'une vie réelle, cherchant sans cesse à s'adapter au milieu qui l'entoure et à se tenir au niveau des exigences du pays et des temps.

L'Université de Londres doit son origine à une adresse de la chambre des communes, du 26 mars 1835, qui demandait à Guillaume IV d'octroyer à un collège fondé par une société d'actionnaires depuis 1826 et qui s'était déjà intitulé Université de Londres, une charte l'autorisant à conférer des degrés pour la littérature, la science, les arts, le droit et la médecine. La théologie seule était exceptée.

Pour ne pas courir le risque de nous méprendre sur les idées fondamentales qui ont présidé à la création de ce nouveau centre intellectuel de la métropole, il faut donc nous reporter tout d'abord aux origines de ce collège, dont l'Université est sortie.

*Motifs qui ont déterminé la fondation de l'Université de Londres.* — L'objet primitif des fondateurs de University college, comme on peut le voir par une lettre du poète Thomas Campbell à lord Brougham en 1825, était de créer à Londres un foyer d'études et de recherches où les fils des dissidents, auxquels Oxford et Cambridge n'étaient point accessibles, pussent trouver une éducation libérale entièrement dégagée de toute préoccupation de secte et de parti religieux, pour tout dire en un mot, entièrement séculière. C'était déjà un motif assez important pour justifier la création d'une nouvelle Académie, certaine de ne pas faire double emploi avec ses sœurs aînées. Ce n'était pas le seul. En voici un second : On sait la cherté excessive du séjour dans les deux autres Universités Aujourd'hui les choses ont déjà bien changé et l'on a songé à l'étudiant frugal, et pourtant l'éducation d'un jeune homme à Oxford et à Cambridge représente encore pour sa famille un sacrifice de quinze à vingt mille francs sans compter les mois de vacances [1]. On trouve déjà des arguments analogues exposés et développés dans une brochure en date de 1827, publiée par le premier conseil de l'Université de Londres [2]. Enfin les sciences naturelles et surtout la médecine n'étaient que peu enseignées dans les deux illustres Universités anciennes, l'une, pépinière de lettrés, l'autre, de mathématiciens. A ce titre encore, Londres, qui, à cause de ses nombreux hôpitaux, ne pouvait manquer d'être un grand centre médical avait donc tout à fait droit à revendiquer une Université.

*Pose de la première pierre du bâtiment primitif.* — Le 30 avril 1827, la première pierre de la future institution, ainsi que nous en informe une inscription latine commémorative, fut posée avec solennité par le duc de Sussex aux applaudissements d'un entourage d'élite : *Deo optimo maximo sempiterno orbis architecto favente, etc... celsissimus princeps Aug. Fred. Sussexiæ dux, omnium bonarum artium patronus, antiquissimi ordinis architectonici præses, apud Anglos summus, primum Londinensi Academiæ lapidem inter civium et fratrum circumstantium plausu, manu suâ locavit, Kal. maii, opus diu multumque desideratum, sibi et patriæ commodissimum.....*

L'année suivante, le 30 octobre, avait lieu l'inauguration de l'institution nouvelle sous le nom d'Université de Londres. Le bâ-

1. V. Stedman : Oxford. 1878.
2. Statement of the council of the University of London explanatory of the nature and objects of the institution. London, 1827, in-8°.

timent[1], œuvre de l'architecte Wilkins est d'ordre corinthien, avec un dôme au centre et un portique orné de douze colonnes supportant un fronton dont le bas-relief représente les emblêmes de la science et de la littérature d'une longueur de 400 pieds. Il devait former un quadrangle quand le plan (continué en effet depuis) aurait été complété par l'achèvement de l'aile nord et de l'hôpital construit dans Gower street. Le succès et le zèle des actionnaires, sans appât de gros dividendes pourtant, ayant répondu aux premiers efforts des organisateurs, ceux-ci songèrent bientôt à solliciter une charte royale. La demande en fut faite le 25 avril 1834. Le Parlement, comme nous l'avons vu, appuya cette demande; le roi, par un message en date du 1er avril, répondit que la matière avait été renvoyée devant le conseil privé, et après un rapport favorable, la charte fut octroyée le 26 novembre 1836. Mais elle constituait : 1° l'Université de Londres; 2° tout à fait distinctement, le collège de l'Université.

*Première charte royale.* — En effet, cédant à l'opposition des anciennes Universités et surtout du parti anglican orthodoxe, qui s'était alarmé des principes des fondateurs du collège de l'Université et s'était empressé de fonder, pour en contrebalancer l'influence, un autre établissement où l'enseignement religieux restait le but de l'éducation, le collège du roi (King's college), le gouvernement avait tenu à montrer que l'Université entretenue par l'État n'avait plus d'attaches avec une institution à laquelle on reprochait son origine dissidente.

Par suite d'une inadvertance, la charte avait été accordée seulement « during the royal will and pleasure », c'est-à-dire tant qu'il plairait au roi; or, Georges IV étant mort quelque temps après, la charte cessait d'être valable, et il fallut en demander une nouvelle à la reine Victoria. L'objet de l'Université était, dans les termes mêmes de cette nouvelle charte, « de propager la religion et la morale et toutes les connaissances utiles en offrant à toutes les classes et à toutes les dénominations des sujets de Sa Majesté indistinctement des encouragements dans la poursuite d'une éducation régulière et libérale et en accordant aux personnes qui poursuivent ou complètent leurs études dans la métropole, telles

1. Description of the building for the University of London, 1828, in-8°. M. Fergusson dans son histoire de l'architecture moderne cite le portique d'University college, non seulement comme le chef-d'œuvre de l'architecte William Wilkins, mais certainement comme le plus beau spécimen d'architecture de ce genre en Angleterre.

facilités et telles distinctions honorifiques qui peuvent les engager
à persévérer dans leurs louables efforts. »

*Caractère séculier de l'Université de Londres.* — On aura re-
marqué, au début de la charte, ces mots : que l'objet de l'Université, ouverte pourtant à toutes les dénominations, était la *propa-*
*gation de la religion et de la morale.*

De là de nombreuses controverses. Il était singulièrement difficile alors, il l'est encore aujourd'hui, même aux esprits les plus
libéraux de l'Angleterre, de concevoir la science et les lettres abso-
lument séparées de toute préoccupation religieuse. Un des hommes
aux vues les plus larges, au christianisme le plus tolérant, le
Dr Arnold, de Rugby, qui avait pourtant embrassé avec enthou-
siasme l'idée de la création d'une Université sans distinction de
secte, ne put se résoudre à voir les examens pour les grades de
bachelier ne contenir aucune mention, soit des textes sacrés
hébreux et grecs, soit des doctrines générales du christianisme. On
donna satisfaction en partie à ses scrupules, et il fut résolu en 1838
que des examens sur le texte hébreu du vieux testament, le texte
grec du nouveau et sur l'histoire de l'Écriture sainte seraient orga-
nisés et sanctionnés, s'il y avait lieu, par un certificat de capacité
en ces matières; mais cet examen demeurait en quelque sorte une
branche à part, toute facultative, et les sujets obligatoires pour le
baccalauréat ès lettres ou ès sciences restaient exclusivement
séculiers. Aussi le Dr Arnold[1] à son grand regret, et après bien des
hésitations crut-il devoir se décider à se séparer d'une institution
dont il avait salué la naissance, et il donna sa démission d'examinateur. Tant était enraciné alors, même dans les esprits les moins
routiniers, ce principe que la science s'égarerait sans la révélation.

*Affiliation de certains collèges et institutions dissidentes à l'Univer-*
*sité de Londres.* — Originairement l'Université de Londres devait ressembler à une Université Écossaise dans laquelle le corps enseignant
et le corps examinant sont identiques. Mais en détachant le collège de
l'Université, la charte de 1836 avait transformé le plan primitif.
Cependant l'Université resta encore pendant longtemps étroitement
en relations avec un certain nombre d'institutions [2] dont les
étudiants, munis d'un certificat d'études, venaient chercher à l'Université de Londres comme un visa approbatif. Malgré cette affilia-

1. V. Th. Arnold's life and correspondance, by A. P. Stanley. London 1844.
(Lettres 115, 116, 136, etc.)
2. Jusqu'au 9 avril 1858.

tion d'un certain nombre d'établissements, la plupart appartenant à des sectes dissidentes, il y avait déjà néanmoins entre l'Université de Londres et celles d'Oxford et de Cambridge cette différence considérable que les collèges, rattachés à l'Université de la métropole, n'étaient plus simplement groupés dans l'entourage immédiat du centre académique, mais éparpillés à tous les points de l'Angleterre et même en Irlande et aux colonies les plus lointaines.

*Formation du corps des gradués en un conseil appelé Convocation. Charte de 1858.* — Dès 1840 on avait proposé de donner aux gradués (privilège dont jouissaient déjà ceux d'Oxford et de Cambridge) quelque part d'influence dans le gouvernement des affaires de l'Université; chaque année cette idée fut reprise et agitée de nouveau par plusieurs meetings de gradués [1], jusqu'à ce que, enfin, en 1858, une nouvelle charte, consacrant cette innovation, fut accordée par la reine. Les gradués, dont le nombre alors s'élevait à mille environ, furent formés en une sorte de corporation qui devait être *convoquée* par le Sénat au moins une fois par an et qui avait le droit d'intervenir dans les affaires universitaires, c'est-à-dire d'abord d'émettre des résolutions et des opinions sur les questions d'organisation et d'examens, puis de nommer un quart des membres du Sénat de l'Université et enfin, de concert avec le Sénat, d'accepter une nouvelle charte ou d'en dénoncer une ancienne.

Les innovations de la charte de 1858 ne s'arrêtaient point là; en même temps que le gouvernement de l'Université devenait en quelque sorte plus constitutionnel et plus représentatif, si l'on peut ainsi parler, les pouvoirs et les attributions de l'Université ellemême, recevaient une nouvelle extension. La charte autorisait l'Université de Londres à conférer de nouveaux grades pour les sciences, la musique ou toute autre branche que ce fût, la théologie seule restant toujours exceptée.

*Clause additionnelle supprimant le certificat d'études.* — Ces nouveaux progrès, demandés et acceptés par les esprits généreux qui dirigeaient l'Université, n'avaient pas encore été sanctionnés par la charte de 1858, quand le sénat de l'Université demanda à introduire une clause additionnelle plus importante peut-être, plus libérale encore que toutes les autres et par laquelle l'Université de Londres rompait décidément avec le système scolastique et les

---

1. Notamment ceux des 8 juin 1847 et 27 février 1848.

traditions des vieilles Universités anglaises. D'après cette trente-
sixième clause, les grades de l'Université de Londres, excepté ceux
de la médecine, devenaient accessibles non plus seulement aux
étudiants munis de certificats d'études dans les collèges rattachés
à l'Université, mais à toute personne désireuse de concourir, de
quelque manière que se fût faite son éducation. Naturellement
cette abrogation d'un privilège ne se fit pas sans provoquer une
grande surexcitation et une opposition bruyante de presque toutes
les institutions affiliées et même de la part d'une majorité décidée
des gradués de l'Université. Mais le Sénat qui était entré résolu-
ment dans la voie du progrès et qui comprenait que le prestige de
la nouvelle Université et le secret de son succès viendraient surtout de son caractère moderne et de son émancipation des coutumes scolastiques du moyen âge, ne se laissa pas intimider par
une opposition qu'il savait devoir être temporaire : le système des
certificats d'étude avait du reste de grands inconvénients ; il écar-
tait des concours de l'Université beaucoup de candidats méritants,
souvent des esprits d'élite, que celle-ci aurait été heureuse et fière
d'accueillir dans son sein. Il empêchait surtout l'Université de la
métropole d'acquérir cette expansion, cette large universalité que
devait lui donner d'abord sa position au centre du pays, puis son
caractère d'institution nationale supportée par l'État, enfin son
esprit libéral et séculier. La clause fut maintenue et la charte
nouvelle entra en vigueur le 8 avril 1858.

Déjà, à cette époque, les diplômes de l'Université de Londres
jouissaient d'une grande considération. On savait que, si les gradués de cette Université ne pouvaient pas faire valoir, comme ceux
d'Oxford et de Cambridge, le privilège justement envié d'avoir fait
un séjour de trois ou quatre ans dans un milieu intellectuel
raffiné, dans un centre de luxe et de bon ton, ils rachetaient du
moins cette infériorité sociale par une réelle supériorité de connaissances acquises. Quelque éclat qui s'attachât aux titres universitaires à Oxford et Cambridge, pour le petit nombre de ceux qui
concouraient pour les *honneurs*, quand venait l'époque de leur
sortie, la majorité, moins ambitieuse, se contentait d'avoir obtenu
sans mention quelconque de la qualité de l'examen, un grade,
après lequel les autres s'obtenaient par ancienneté ou par faveur.
A l'Université de Londres, au contraire, tous les grades s'ache-
taient au prix d'examens décourageants pour les esprits super-
ficiels ou enclins à la paresse. Même les examens d'entrée ou
d'immatriculation qui, dans les deux Universités sœurs, n'étaient
presque que des formalités insignifiantes, y arrêtaient déjà sur le

seuil tous les candidats qui n'avaient pas suivi un cours mé-
thodique et complet d'études secondaires.

*Subdivision des examens du baccalauréat en deux examens séparés
par un an d'intervalle.* — Un certain nombre des gradués prophéti-
saient que l'Université, en ouvrant ses portes à tous les candidats
sans exiger de certificats d'études, allait perdre rapidement cette
réputation, cette haute estime qu'elle avait su conquérir; mais le
Sénat s'empressa de montrer que cette alarme était mal fondée;
que si, à l'avenir, tous étaient appelés, il n'y aurait toujours que
peu d'élus et que les examens n'en seraient que plus approfondis
et plus exigeants, enfin, et pour mieux assurer ce résultat, le grade
du baccalauréat (ès arts et ès sciences) auquel aucun candidat ne
pouvait arriver sans avoir franchi deux ans auparavant la sérieuse
épreuve de l'immatriculation, était précédé d'une nouvelle étape,
c'est-à-dire subdivisé en deux examens distincts, séparés par un
an d'intervalle. On le voit donc, la clause 36 introduisait toute
une révolution dans le système de l'Université.

*Estime que l'on attache en Angleterre aux diplômes de l'Université
de Londres.* — Vingt ans se sont écoulés depuis l'adoption de ces
règlements nouveaux, et l'on peut dire que l'événement a donné
raison au Sénat de l'Université de Londres. La valeur des diplômes
conférés n'a point baissé et le *Times* n'était, comme presque toujours, d'ailleurs, que l'écho de l'opinion publique quand il disait, il
y a quelque temps, en caractérisant l'Université de Londres :
« qu'elle se distingue assez honorablement de ses sœurs aînées
par la fermeté inflexible avec laquelle elle a toujours exigé de ses
gradués l'acquisition de connaissances d'un ordre élevé; et la
moyenne considérable des candidats refusés qui aurait, ailleurs, fait
baisser le niveau aux examens suivants, n'a fait que rendre les autorités de l'Université de Londres plus convaincues de la nécessité et
de l'avantage qu'il y avait à maintenir leurs règlements dans toute
leur intégrité. » Aussi lord Granville, parlant récemment en sa
qualité de grand chancelier de l'Université à une cérémonie académique et répondant au docteur Playfair, qui trouvait le programme
des examens trop chargé, concluait-il avec un légitime orgueil :

« Je pourrais ajouter un fait aussi connu en dehors de nos murs
que dans cette enceinte, à savoir, que nos examens d'immatriculation sont beaucoup plus difficiles que ne l'étaient, il n'y a pas longtemps, en Écosse, non pas les examens d'entrée, mais les examens
pour l'obtention des grades et qu'enfin même, ces examens sont

égaux en valeur aux examens actuels pour l'obtention des grades
dans plusieurs de nos Universités britanniques ».

*Nouvelle charte de* 1863 ; *chartes supplémentaires de* 1867 *et* 1878
*pour les examens des femmes.* — Depuis 1858, la constitution de l'U-
niversité de Londres n'a point subi de changements considérables :
cependant une omission, résultat d'une inadvertance dans la ré-
daction de la charte de 1858, a obligé les autorités de l'Université
à solliciter encore de la reine une nouvelle charte en 1863.

C'est celle qui régit actuellement l'Université. A l'époque du
*Reform Act* de 1867, l'Université de Londres obtint par cet *Act* le
même privilège politique que les autres Universités, c'est-à-dire le
droit d'envoyer un représentant au Parlement. C'est M. Robert
Lowe qui fut élu et qui est encore actuellement le représentant
parlementaire de l'Université.

En 1867, l'Université de Londres, et ce n'est peut-être pas la
moins intéressante des innovations libérales dont elle a donné le
courageux exemple, sollicita et obtint une charte supplémentaire
pour l'organisation d'examens pour les femmes, savoir : 1° un examen général (*general examination*) ; 2° un examen pour les certificats de capacité supérieure (*higher proficiency*). L'enseignement des
femmes avait préoccupé récemment l'opinion publique, et l'attention s'était portée sur plusieurs collèges (*Queen's college, Bedford
college, Cheltenham college*, etc.) où on n'avait rien négligé pour
élever le niveau des études destinées aux femmes. Le Sénat trouva
juste d'encourager ces tentatives en établissant des diplômes que
de nombreuses compétitrices ne tardèrent pas à venir disputer.

*Installation de l'Université à Burlington gardens, dernières trans-
formations.* — En 1870, l'Université, déjà depuis longtems séparée
en principe du collège de Gower street, s'installa définitivement
dans un bâtiment construit aux frais de l'État et qui fait partie du
magnifique palais de Burlington-house, où des expositions d'art
justement populaires attirent pendant plusieurs mois, à deux re-
prises chaque année, l'élite des classes cultivées. La reine assista
en personne à la cérémonie d'inauguration, qui eut lieu le 11 mai
1870, et à l'issue de laquelle lord Granville lut un intéressant ex-
posé des progrès déjà accomplis. En 1874, après de longues discussions, le Sénat de l'Université, non content d'avoir organisé des
examens pour les femmes, résolut de leur ouvrir la porte à tous
les grades accessibles aux hommes ; à partir de 1877, le programme
des examens généraux pour les femmes fut entièrement assimilé à

celui de l'examen d'entrée ou d'immatriculation : depuis 1878,
l'égalité de droit des deux sexes devant la science a été définitivement reconnue.


## II


### DE L'ORGANISATION DE L'UNIVERSITÉ DE LONDRES


*Résumé des caractères principaux de l'Université de Londres.* —
L'aperçu historique que l'on vient de lire permet déjà d'entrevoir
les traits principaux et caractéristiques de l'organisation de l'Université de Londres. Essayons de les résumer et de les compléter.

Il ne suffit pas, pour le lecteur français, de bien saisir en quoi
l'Université de la métropole se distingue des deux autres grandes
Universités anglaises. Il faut qu'il voie aussi en quoi elle se rap-
proche ou s'éloigne plus ou moins de l'Université de France ou
plutôt de nos Académies.

Avant tout, l'Université de Londres n'est qu'un corps examinant
et non pas un corps enseignant. Elle ne groupe point ses *alumni*
autour d'elle, jalouse de les conduire à la vérité par des chemins à
elle; elle reconnaît, elle accueille la science, sans souci de savoir
d'où elle vient ni comment elle a été acquise.

*Rôle de l'État vis-à-vis de l'Université de Londres.* — De plus,
l'Université de Londres est placée sous le contrôle immédiat de
l'État. Sans doute, les autres Universités anglaises n'échappent pas
non plus à la vigilance active du Parlement qui, en Angleterre, a
droit sur tout; mais cependant ce contrôle du Parlement n'est pour
elles que l'exception, et elles se gouvernent elles-mêmes, pour-
voient à leurs besoins avec leurs propres fonds, tandis que l'Université de Londres dont les bâtiments, comme on l'a vu, sont la
propriété de l'État, est obligée chaque année de recourir au Parlement pour obtenir un vote de fonds considérable, plus de la moi-
tié de son budget. Enfin ses règlements ont toujours besoin de la
sanction d'un au moins des secrétaires d'État de Sa Majesté.

Tout en maintenant ses droits de haute surveillance, l'État aban-
donne, dans une large proportion, à l'Université de Londres le soin
de s'administrer elle-même.

*Des autorités de l'Université. — Sénat.* — Les autorités de l'Université se composent de :

1° Un visiteur, la reine;

2° Un chancelier, nommé à vie par la couronne; actuellement lord Granville;

3° Un vice-chancelier, nommé pour un an par le Sénat; actuellement sir John Lubbock membre du Parlement, membre de la Société royale;

4° Un corps de trente-cinq membres ou *fellows* formant avec le chancelier et le vice-chancelier le Sénat ou conseil dirigeant de l'Université. Les membres de ce Sénat sont nommés par la couronne qui, pour chaque vacance, se borne à choisir un nom dans une liste de trois candidats présentés par la corporation des gradués de l'Université, appelée *convocation*. Le Sénat, dans lequel siègent plusieurs membres de la noblesse, plusieurs hommes d'État éminents presque tous ayant fait partie de l'administration Gladstone, et les plus hautes illustrations du monde savant, érudit, etc., nomme les examinateurs et fixe les programmes et autres règlements, etc., relatifs aux examens. Le minimum des membres du Sénat dont la présence est requise pour prendre une décision est de six [1].

1. Voici la liste des membres actuels du sénat de l'Université : le duc de Devonshire, chevalier de la Jarretière, docteur en droit, membre de la Société royale; le comte de Derby, ancien ministre, docteur en droit canon, membre de la Société royale; le très honoré comte de Kimberley (ancien ministre), maître ès arts; le très honoré vicomte Cardwell, ancien ministre, docteur en droit canon, maître ès arts; lord Rayleigh, maître ès arts, membre de la Société royale; lord Acton, le rév. chanoine Barry, docteur en théologie; maître ès arts; l'archidiacre Billing, docteur en médecine, membre de la Société royale; le doyen de Lincoln, bachelier en théologie; sir G. Burrows, baronet, docteur en droit canon, docteur en médecine, membre de la Société royale; George Busk, membre de la Société royale; J.-G. Fitch, maître es arts; R.-N Fowler, maître ès arts; Julian Goldsmid, maître ès arts, membre du Parlement; le très honorable G.-J. Goschen (ancien ministre), membre du Parlement; sir P. de M. Grey-Egerton, baronet, membre du Parlement, membre de la Société royale; sir W.-W. Gull, baronet, docteur en médecine, docteur en droit canon, membre de la Société royale; J. Heywood, maître ès arts, membre de la Société royale; sir J.-D. Hooker, chevalier commandeur de l'ordre de l'Étoile des Indes, docteur en médecine, docteur en droit, compagnon de l'ordre du Bain, ancien président de la Société royale; R. Holt Hutton, maître ès arts; sir William Jenner, baronet, chevalier commandeur de l'ordre du Bain, docteur en médecine; le très honorable conservateur des Archives, maître ès arts (sir George Jessel); G. Johnson, docteur en médecine, membre de la Société royale; sir J.G. Shaw-Lefevre, membre de la Société royale, etc.; le très honorable Robert Lowe, ancien ministre, membre du

*Assemblée des gradués ou convocation.* — L'assemblée des gradués, appelée *convocation*, dont on a déjà vu les principales attributions, est formée, non pas de tous les gradués de l'Université, mais de ceux seulement qui ont obtenu, depuis un an, leurs grades et qui ont acquitté les droits (assez peu élevés du reste) d'inscription sur le registre de convocation. Le nombre des membres de la convocation s'élève actuellement à près de 1,700, mais le nombre réel des gradués de l'Université est presque double. Le minimum des membres dont la présence est nécessaire pour prendre une délibération est de trente. Les membres absents peuvent envoyer leur vote, dans certaines occasions déterminées par la convocation elle-même. Le président de la convocation est élu par les membres pour trois ans : son poste est purement honorifique. Il n'est pas inutile d'insister sur le rôle de cette espèce d'assemblée populaire qui, tout en laissant au Sénat les attributions en quelque sorte de pouvoir exécutif, exerce cependant souvent une utile influence sur lui en émettant des vœux, et plus directement encore par son droit de présentation de trois candidats quand il y a des vides à combler dans le corps du Sénat.

*Importance de ce corps.* — C'est peut-être de tout l'organisme de l'Université de Londres (en bien des points semblable à l'Université de France), le côté le plus saillant, le plus original, et celui que nous aurions le plus d'avantage à essayer d'introduire chez nous. Si l'on veut voir nos Facultés devenir, au lieu de simples délégations du ministère de l'instruction publique en province, de véritables Universités provinciales, des corps vivants, des centres locaux indépendants et actifs, la première chose à faire serait peut-être de grouper et à Paris même, aussi bien qu'en province, les gradués de chaque Académie en des espèces de corporations qui, sans cesser de se sentir rattachées à la commune *Alma mater*, l'Université de France, pourraient retrouver cependant ces attachements locaux, ces rivalités utiles de province à province, que nous avons trop complètement désapprises. Ce n'est pas ici le

Parlement, membre de la Société royale, etc.; sir Henry Summer Maine, docteur en droit canon, etc.; T.-S. Osler, bachelier en droit; sir J. Paget, baronet, docteur en médecine, membre de la Société royale; R. Quain, docteur en médecine, membre de la société royale; lord Arthur Russell, membre du Parlement; W. Sharpey, docteur en médecine, membre de la Société royale: W. Smith, docteur en droit; W. Spottiswoode, maître ès arts, président de la Société royale; J. Storrar, docteur en médecine; Alex. W. Williamson, Ph. D., membre de la Société royale; F.-J. Wood, docteur en droit.

lieu d'examiner quelles devraient être exactement les attributions
de ces corps des gradués; il serait sans doute impossible d'éviter
parfois certains conflits de leurs résolutions avec les décisions des
autres autorités qui président à la direction de l'enseignement supérieur en France; mais il est permis d'espérer qu'avant peu les
difficultés s'aplaniraient et que l'accord entre les représentants de
l'autorité centrale et les groupes locaux deviendrait non seulement possible, mais fécond en utiles résultats.

*Représentation politique.* — En tout cas, que ce soit seulement
à titre spéculatif ou avec des vues d'imitation et d'emprunt que nous
envisagions ces institutions d'un pays voisin, il est bon d'attirer
l'attention sur ce caractère essentiel de l'Université de Londres,
reflet du système parlementaire et de ce système de *self-government*
que l'on retrouve partout dans les coutumes de l'Angleterre. Nous
n'irons pas jusqu'à demander que nos gradués puissent se faire
représenter par un membre dans une des chambres du Parlement,
car nous voyons, même en Angleterre où le suffrage universel pur
ne fonctionne pas, qu'un certain nombre d'esprits libéraux hési-
tent sur l'utilité de cette représentation politique des Universités.
Dans un ouvrage récent, un des esprits les plus éclairés du monde
scientifique, M. Todhunter, professeur à l'Université de Cambridge,
se prononce pour la suppression de ce privilège qui aurait chez
nous encore moins de raison d'être qu'en Angleterre.

*Autres autorités de l'Université.* — Les autres autorités de l'Université de Londres sont :

1° Un *registrar*, sorte de secrétaire général, dont la position,
comme l'indique déjà son traitement (25,000 francs), est fort éle-
vée. Le titulaire actuel, le docteur W. B. Carpenter, est un physio-
logiste et un philosophe de célébrité européenne;

2° Un sous-registrar et bibliothécaire de l'Université touchant un
traitement de. . . . . . . . . . . . . . . . . . . . . . . . . . 12,500 fr.

3° Un secrétaire du Sénat (bachelier). . . . . . . . . . 10,000

4° Un secrétaire adjoint. . . . . . . . . . . . . . . . . 3,400

5° Un secrétaire de l'assemblée ou convocation . . . 5,000

*Examinateurs.* — Le corps des examinateurs se compose de cin-
quante-deux membres, avec des traitements variant de £ 50 à
£ 200, c'est-à-dire de 1,250 francs à 5,000 francs, et de douze

examinateurs adjoints avec des traitements variant de £ 25 à £ 50.
Il ne faut pas oublier, quoiqu'on soit tenté de s'étonner de la
modicité relative de ces traitements, que les examinateurs n'ont
pour toutes fonctions que de fixer des sujets d'examen et de cor-
riger et de classer les compositions des candidats sans même
jamais intervenir directement par des examens oraux.

Voici comment sont répartis ces différents examinateurs ou,
pour mieux dire, correcteurs de copies :

Pour les classiques, deux examinateurs et deux adjoints ;

Pour les mathématiques et la physique, deux examinateurs et
deux adjoints ;

Et, respectivement, deux examinateurs pour la botanique, la
géologie, l'économie politique, la philosophie, la jurisprudence, le
droit romain, l'équité, le droit commun, l'histoire constitution-
nelle, la médecine, la chirurgie, l'anatomie, la médecine d'accou-
chement, l'anatomie comparée, la zoologie, la matière médicale,
la médecine judiciaire, l'hygiène, le droit sanitaire ; deux examinateurs et deux adjoints pour le français ; deux examinateurs pour
l'allemand, et deux examinateurs et deux adjoints pour la langue
et la littérature anglaises.

## III

### BUDGET DE L'UNIVERSITÉ DE LONDRES

On trouve dans les *blue books*, pour l'année 1878-1879 : *Civil
service estimates*, les renseignements suivants relatifs à l'Université
de Londres.

La totalité du budget demandé au Parlement pour défrayer les
dépenses de l'Université de Londres est de £ 10,944 ou 273,600 fr.
Les dépenses se répartissent comme suit :

|  | £ | fr. |
|---|---|---|
| A. Salaires et traitements pour l'administration et le service. | 3,066 | 76,650 |
| Savoir : Salaire du Secrétaire général (registrar), bibliothé-<br>caire et du secrétaire du Sénat et deux autres supplémen-<br>taires, du secrétaire de convocation, des employés et<br>domestiques de l'Université, etc. | | |
| B. Examinateurs. | 5,570 | 139,300 |
| (*V. ci-dessus le détail des traitements*). | | |

|                                                                          | £     | fr.    |
|--------------------------------------------------------------------------|-------|--------|
| C. Bourses d'encouragement et médailles . . . . . . . . . . . . | 1,738 | 43,450 |

  Savoir :

  Après l'examen d'immatriculation, variant de £ 15 à £ 30.

  11 bourses après les examens de baccalauréat ès lettres
    et ès sciences variant de 34 à 40 £.

  13 bourses de médecine variant de 40 à 50 £.

  3 bourses pour le droit de 40 à 50 £ etc., etc.

  21 médailles variant de £ 5 à £ 20, etc.

|                                                                          | £   | fr. |
|--------------------------------------------------------------------------|-----|-----|
| D. Dépenses légale. . . . . . . . . . . . . . . . . . . . . . . | 20  | 500 |
| E. Autres dépenses . . . . . . . . . . . . . . . . . . . . . . . | 550 |     |

  Savoir : Frais des examens scientifiques et médicaux,
  £ 150; entretien de la bibliothèque de l'Université £ 100;
  frais d'annonces £ 150; autres menus frais £ 150.

On estimait que l'encaissement des droits d'examen rapporterait à l'État une somme de £ 5,000 ou 125,000 francs, c'est donc 148,600 francs que l'Université de Londres coûte à l'État qui, de plus, a fourni et entretient le bâtiment.


## IV


### DES RÈGLEMENTS ET DES EXAMENS DE L'UNIVERSITÉ DE LONDRES


*Caractère général des examens à l'Université de Londres.* — Il est toujours difficile de juger de la valeur des examens et du niveau des études seulement d'après les programmes des sujets prescrits ou même d'après les questions qui ont été posées aux candidats. Il faudrait voir dans quelle mesure ceux qui ont réussi aux examens s'étaient rapprochés du niveau idéal.

Le caractère essentiel des examens de l'Université de Londres est qu'ils sont tous purement écrits, bien que le Sénat ait eu soin, dans ses règlements, de revendiquer pour ses examinateurs la liberté d'adresser des questions orales aux candidats; mais c'est un droit, inscrit pour mémoire, dont il semble que les examinateurs ne veuillent point se presser de faire usage.

Un second trait caractéristique des examens de l'Université de Londres, c'est qu'ils sont plus que chez nous la récompense du travail et de la préparation assidue. En France, on veut voir si le candidat a profité de ses études; on lui demande d'avoir atteint un certain degré de culture d'esprit et de donner des preuves de goût, presque de talent littéraire. Ceci est encore le cas pour les concours des deux grandes Universités restées plus scolastiques. Mais dans l'Université de Londres, au contraire, les qualités de style, l'originalité du tour d'esprit trouvent peu l'occasion de se montrer et de se faire récompenser dans les examens pour les grades. Ces examens se composent, surtout pour les langues, de passages à traduire, de versions accompagnées de nombreuses questions philologiques, archéologiques et historiques, et, pour les autres branches, c'est encore plutôt des connaissances précises, étendues, que des vues originales et des jugements marqués du sceau de la personnalité, que l'on exige du candidat.

Les examens de simple admission pour l'immatriculation et les deux baccalauréats ès arts et ès sciences, peuvent se passer sans déplacement dans certains grands centres provinciaux et coloniaux.

Quant aux examens pour les *honneurs*, on ne peut les passer qu'à Londres.

*Examen d'entrée ou d'immatriculation* [1]. — On a déjà vu que cet examen, beaucoup plus sérieux que celui d'entrée aux autres Universités anglaises [2], est surtout destiné à être la sanction d'une éducation secondaire complète. Aussi, à ce point de vue, il correspond assez bien à l'*Abiturienten examen* que l'on subit en Allemagne en sortant des gymnases.

Voici quels sont les points les plus saillants du programme de cet examen (voir tableau I) : 1° il ne permet pas aux candidats de s'être spécialisés avant de commencer leurs études supérieures ; les lettres et les sciences y sont mariées dans une proportion presque égale ; que l'on ait en vue le baccalauréat ès arts ou le baccalauréat ès sciences, ou même le droit ou la médecine, il faut avoir passé par une sérieuse préparation philologique, puisque l'examen exige la connaissance au moins de trois langues outre la langue maternelle. Des langues mortes, le latin seul est resté obligatoire ; le grec l'a été aussi pendant longtemps, mais, il y a quelques années, après de longues discussions, l'Université a reconnu que la connaissance approfondie du français et de l'allemand avec celle du latin était une initiation littéraire suffisante. Notons encore, dans la partie scientifique de l'examen d'immatriculation, la place importante accordée aux sciences expérimentales. C'est à dessein

1. Il y a cependant un ou deux collèges des vieilles Universités, par exemple celui de Baliol, où cet examen est assez sérieux.

2. Les tableaux relatifs aux examens dans les différentes branches sont portés à la fin du travail.

et en se déclarant en cela disciples de Bacon, que les autorités de l'Université de Londres ont inscrit pour une si large part les sciences physiques dans leur programme. « Elles font, en effet, ainsi que l'écrivait le *registrar* actuel de l'Université, l'éducation d'une classe de facultés intellectuelles que néglige complètement une instruction purement littéraire ou purement mathématique ou même la combinaison de ces deux éléments[1]. »

En somme, cet examen d'immatriculation est une sévère épreuve surtout par l'étendue des matières qui la composent, et l'on sait que, si brillant qu'il soit dans les autres branches, tout candidat qui a été visiblement insuffisant dans l'une quelconque des dix parties dont se compose l'examen, est impitoyablement refusé. La majorité des candidats admis vient, non pas des célèbres écoles publiques, telles que Eton, Harrow, Charterhouse, etc., qui envoient leurs élèves aux deux anciennes Universités, mais des institutions plus nouvelles et formées par des Sociétés d'actionnaires, telles que Cheltenham college, Malborough college, et surtout University college et King's college. De tous ceux qui passent l'examen d'immatriculation, un tiers au moins se contentent de ce succès et ne vont pas plus loin. Ceux qui continuent leur carrière académique commencent tout de suite, après l'immatriculation, à se spécialiser, en vue soit des grades littéraires ou scientifiques, soit des diplômes qui ouvrent les carrières professionnelles du droit et de la médecine.

*Baccalauréat ès arts.* — Le trait caractéristique des principaux examens pour les grades académiques à l'Université de Londres est la division en deux étapes; la première, que l'on appelle la « Pass examination » où l'on ne demande qu'un minimum assez restreint en chaque branche, mais où l'on exige toujours du candidat une sorte de moyenne satisfaisante; et la seconde, que l'on appelle « Examination for honours », où le candidat doit montrer en une ou plusieurs spécialités des connaissances approfondies, résultat d'une préparation vraiment sérieuse. Aussi n'est-ce plus un examen; c'est un concours, et les candidats admis sont classés par ordre de mérite en deux ou trois subdivisions; et si l'examen a satisfait les juges, les premiers reçoivent des bourses variant de 500 francs à 1,250 francs ainsi que des prix et des médailles.

---

1. *Demogeot et Montucci.* Rapport sur l'enseignement supérieur en Angleterre et en Écosse. 1870.

L'examen du baccalaureat ès arts est divisé en deux parties séparées par un an d'intervalle. Le programme pour la simple admission à la première partie n'est pas très chargé; il exige du candidat assez de connaissance du latin et du grec pour être capable de traduire sans dictionnaire des morceaux tirés de deux ou trois auteurs prescrits un an à l'avance; par exemple, en 1877 ces textes à préparer étaient simplement les épîtres d'Horace, le neuvième livre de Tite-Live et le premier de la Cyropédie. Mais de nombreuses questions grammaticales et philologiques devaient être un écueil fatal à tous ceux qui auraient cru se préparer suffisamment en apprenant par cœur une traduction juxtalinéaire des textes prescrits. Les autres points à noter dans cet examen sont : la place importante accordée à une langue vivante, le français ou l'allemand qui compte pour un huitième de l'examen; en second lieu, la langue, l'histoire et la littérature nationales sont aussi l'objet de deux épreuves sérieuses.

Cet examen dure quatre jours, et ceux qui veulent concourir pour une mention honorable, un prix, une bourse ou une médaille, ont encore à subir pour la spécialité qu'ils adoptent, mathématiques, latin, français ou anglais, une nouvelle série d'examens qui durent souvent deux ou trois jours.

On voit donc que déjà, après cette première partie du baccalauréat, le candidat reçu avec *honneurs*, a non seulement justifié de sa familiarité avec toutes les principales branches d'une instruction littéraire, mais qu'il a déjà fait preuve, soit dans une langue classique, soit dans une langue vivante d'une étude mûrie et véritablement personnelle.

A la seconde partie du baccalauréat qui reproduit ce double caractère d'examen général et de concours sur une branche particulière, il s'agit déjà de faire preuve d'une plus grande pénétration du génie des langues anciennes et modernes, et les parties de la philosophie qui ne risquent pas de se trouver en contact avec la théologie, c'est-à-dire la logique et la morale, deviennent un complément utile de cette sérieuse épreuve. Pour conclure, il n'y a pas d'exagération à dire que le candidat qui a passé dans les premiers au concours des honneurs, cette seconde étape du baccalauréat, aurait facilement franchi chez nous l'examen de la licence. Remarquons cependant que, si l'Université de Londres exige beaucoup de familiarité avec les textes latins et grecs, elle ne demande pas de vers latins ni de vers grecs et n'exige le thème grec qu'au concours pour les honneurs en *classics*, dans la seconde partie du baccalauréat.

*Maîtrise ès arts.* — Si nous passons à la maîtrise ès arts, nous verrons qu'elle consiste en épreuves plus analogues encore à celles de notre licence, les vers latins toujours exceptés, mais qu'elle a l'avantage sur la licence d'être plus spécialisée et de ressembler déjà presque à nos concours d'agrégation. En effet, on peut être maître ès arts soit en classiques, soit en philosophie, soit en mathématiques. Si l'on voulait examiner dans le même détail les différents échelons qu'ont à franchir les candidats aux degrés académiques pour les sciences, on y verrait une progression analogue, sagement calculée, de façon à forcer toujours les candidats à acquérir une vue d'ensemble et une compréhension générale dans les principales sciences avant d'en choisir plus particulièrement quelques-unes, et surtout on remarquera le soin avec lequel les autorités de l'Université de Londres ont cherché à décourager un scindage trop précoce ou trop complet entre la science et les lettres, d'abord, entre les sciences exactes et les sciences expérimentales ensuite. Il n'y a pas de maîtrise de sciences; mais on peut dire que le second baccalauréat ès sciences avec honneurs équivaut à notre licence ès sciences.

*Doctorat.* — Quant au grade de docteur pour les lettres et pour les sciences, on verra par le tableau ci-annexé à quel point les épreuves doivent en être redoutées, puisque depuis la fondation de l'Université, jusqu'en 1877, il n'y a eu encore qu'une trentaine de docteurs ès sciences et qu'un seul docteur ès lettres. Les examens de droit, dont les programmes se sont visiblement inspirés des nôtres commencent à exciter l'ambition d'un grand nombre de jeunes gens, de tous ceux surtout qui veulent réellement embrasser la profession juridique et qui voient de plus en plus qu'il ne suffit pas, pour devenir un avocat compétent ou un juge éclairé, d'avoir fait plusieurs années de stage dans les *Inns of court* du Temple. Quant aux examens de médecine de l'Université de Londres, ils jouissent d'une réputation trop universelle pour qu'il soit nécessaire d'en faire valoir les sérieuses qualités. En Angleterre, en tous cas, presque toute l'élite des médecins et des chirurgiens célèbres est sortie de l'Université de Londres.

Une autre des récentes innovations de l'Université qui tend de plus en plus à justifier son titre en ne laissant de côté aucune des branches de la culture intellectuelle a été l'organisation d'une série d'examens pour les degrés de bachelier et de docteur en musique (voir les tableaux explicatifs).

Une innovation plus récente encore a été l'institution d'examens des établissements secondaires qui veulent faire constater la valeur de l'enseignement qu'ils donnent à leurs élèves. Cette tentative qui n'est qu'une imitation de ce qu'ont déjà entrepris dans le même sens et avec succès les Universités d'Oxford et de Cambridge (*local examinations*), n'a pas encore eu le temps de se développer assez pour qu'il y ait lieu d'en juger la portée[1].

*Examens pour les femmes.*

1° Examen général.

|  | 1876 | 1877 |  |
|---|---|---|---|
|  |  |  | L'examen est purement écrit; il dure cinq jours, et environ six heures par jour. |
|  |  |  | Les matières, au nombre de dix, sont : |
|  |  |  | Latin (versions tirées de passages d'auteurs prescrits), |
|  |  |  | Grammaire latine et thème, |
|  |  |  | Grec ou allemand, |
| Ont obtenu des mentions honorables. | 8 | 7 | Français ou allemand, |
|  |  |  | Arithmétique ou algèbre, |
|  |  |  | Géométrie, |
|  |  |  | Langue anglaise, |
|  |  |  | Histoire d'Angleterre, |
|  |  |  | Physique, |
|  |  |  | Chimie. |

2° Brevet spécial de capacité supérieure.

|  | 1876 | 1877 |
|---|---|---|
| Latin | 0 | 1 |
| Grec | 0 | 2 |
| Français | 5 | 3 |
| Allemand | 0 | 1 |
| Anglais | 6 | 6 |
| Mathématiques et physique mécanique | 3 | 2 |
| Chimie | 0 | 0 |
| Botanique | 0 | 1 |
| Physiologie | 0 | 0 |
| Géologie | 0 | 2 |
| Économie politique | 0 | 1 |
| Logique et morale |  |  |
| Harmonie |  |  |

L'examen pour le « *Certificate of higher proficiency* » s'obtient dans une ou plusieurs des mêmes matières que celles de l'examen général (V. ci-dessus), plus : mécanique, botanique, italien, physiologie, géologie, paléontologie, économie politique, logique et philosophie, harmonie et contre-point.

1. La Faculté de médecine a aussi institué un examen analogue à celui qui a lieu en France pour l'obtention du diplôme d'officier de santé (*Public health examination*). Les candidats doivent avoir subi le second examen de baccalauréat de médecine depuis un an.

Une charte supplémentaire du 14 mai 1878 a rendu tous les degrés de l'Université de Londres accessibles aux femmes ainsi que les bourses, prix, médailles et récompenses de toutes sortes [1] offertes aux lauréats les plus distingués de ces différents grades; de plus, toutes les personnes ayant été admises à l'examen général (*general examination for women*), sont considérées comme ayant passé l'examen d'entrée ou d'immatriculation.

---

## CONCLUSION.

On peut se convaincre par ce qui précède que l'Université de Londres n'est pas seulement très différente des anciennes Universités anglaises, mais qu'elle diffère aussi notablement de celles du continent, et qu'elle est réellement unique en son genre. C'est une sorte de tribunal des sciences et des arts dont la juridiction et l'influence s'étendent non seulement sur la métropole, mais dans tout le Royaume-Uni et jusqu'aux colonies. Il s'efforce de justifier de plus en plus la belle devise empruntée à Virgile, que l'Université avait choisie à son origine :

*Cuncti adsint, meritæque exspectent præmia palmæ.*

Animé de l'esprit moderne et prêt à récompenser impartialement toute sérieuse étude, ce jury sévère a ouvert à tous les candidats, de quelque confession, de quelque âge, de quelque sexe qu'ils soient et de quelque point du pays qu'ils viennent, et même souvent sans exiger leur déplacement, la route des grades universitaires, gardée autrefois avec une vigilance jalouse par ce fantôme scolastique en bonnet carré qui tenait d'une main le *Prayer-book* et de l'autre les trente-neuf articles de foi. L'Université de Londres est l'expression d'un âge de tolérance et de progrès démocratique; aussi lui a-t-on reproché souvent d'encourager l'athéisme et les doctrines révolutionnaires. Mais les noms des hommes sagement libéraux qui ont présidé à ses destinées, tels que

---

1. De plus des récompenses spéciales aux femmes ont été récemment instituées (Gill christ trust), savoir : Une bourse de 750 et une de 500 francs aux deux premières, aux examens d'Inns; une bourse de 1000 francs et 750 pour deux ans aux deux premières, du 1ᵉʳ bacc. ès arts; et médaille d'or de 500 francs à la première au 2ᵉ bacc. ès arts.

ceux de lord John Russel, de lord Burlington, de Macaulay, de
Grote, de James Mill, de lord Granville, etc., suffisent à faire justice
de ces calomnies. Les progrès déjà accomplis permettent de prédire
que l'Université de Londres verra chaque année son prestige accru et
ses palmes plus disputées [1]. En face des résultats déjà acquis, il
serait injurieux et superflu de demander si les services que rend
l'Université répondent aux sacrifices pécuniaires relativement peu
considérables que fait l'État pour l'entretenir. Il resterait à examiner, en concluant, quels sont les points sur lesquels l'Université de Londres pourrait être proposée à la France comme un
modèle. Elle ressemble à nos Facultés en ce sens qu'elle n'a pas
de collèges [2], c'est-à-dire d'établissements d'internes comme les
Universités d'Oxford et de Cambridge, mais du moins elle a groupé
déjà ses gradués en un corps qui exerce son action sur l'Université, et prend à cœur ses intérêts, comme nous l'avons dit plus
haut : exemple dont nous pourrions utilement nous inspirer
dans la reconstruction prochaine de nos Universités. Il y aurait
lieu aussi peut-être d'emprunter à l'Université de Londres ses
examens plus nombreux que les nôtres, son double baccalauréat
et sa double licence (maîtrise ès arts), surtout avec option de spécialités, son système de questions écrites multipliées qui rendent
l'examen oral sinon superflu, en tout cas moins nécessaire et moins
susceptible d'égarements irréparables. Ajoutons enfin que nos
Facultés gagneraient peut-être à montrer, à l'instar de l'Université anglaise, moins de dédain que par le passé pour les langues
vivantes, moins d'attachement pour le vers latin et en revanche
plus de souci de la philologie et de l'archéologie.

1. La progression dans le nombre des candidats aux examens d'entrée est
significative, comme on peut le voir par les chiffres suivants :

1861 . . . . . . .  444 candidats.
1868 . . . . . .   736  —
1877 . . . . . . 1,160  —

2. Bien que les candidats aux diplômes de l'Université viennent de tous
les points du Royaume-Uni et des colonies, la majorité cependant appartient
aux deux collèges de Londres, déjà cités : *University college*, qui a été le
berceau de l'Université, et qui en est resté la pépinière principale, et *King's
college*. V. ci-après, appendice IV, pour les détails de l'organisation de ces
deux établissements.

# TABLEAUX

### INDIQUANT LES CONDITIONS, LA NATURE ET LES PROGRAMMES DES EXAMENS A L'UNIVERSITÉ DE LONDRES.

**TABLEAU I.**        IMMATRICULATION ET PREMIER

| | NOM de l'examen. | NOMBRE de sessions par an. | CONDITIONS et minimum d'âge. | DROITS à acquitter. | DE COMBIEN de parties se compose l'examen. | NATURE DE L'EXAMEN. | DURÉE du temps accordé. (Heures.) |
|---|---|---|---|---|---|---|---|
| **LETTRES.** | Examen d'entrée ou d'immatriculation. | 2 | 16 ans. | 50 fr. | 10 (L'examen dure 5 jours.) | 1° Version latine (passages tirés d'un auteur prescrit). | 2 |
| | | | | | | 2° Grammaire latine et thème latin. | 2 |
| | | | | | | 3° *Langue grecque ou allemande.* | 3 |
| | | | | | | 4° Langue française ou allemande. | 3 |
| | | | | | | 5° Arithmétique et algèbre. | 3 |
| | | | | | | 6° Géométrie. | 3 |
| | | | | | | 7° Langue anglaise. | 3 |
| | | | | | | 8° Histoire d'Angleterre et géographie moderne. | 3 |
| | | | | | | 9° Physique. | 3 |
| | | | | | | 10° Chimie. | 3 |
| | 1er Examen du Baccalauréat ès Arts. *Pass.* | 1 | 17 ans. | 125 fr. | 8 (L'examen dure 4 jours.) | 1° Version latine (passages tirés d'un auteur prescrit). | 3 |
| | | | | | | 2° Latin et histoire romaine. | 3 |
| | | | | | | 3° Grec. | 3 |
| | | | | | | 4° *Français ou allemand.* | 3 |
| | | | | | | 5° Arithmétique et algèbre. | 3 |
| | | | | | | 6° Géométrie, trigonométrie, sections coniques. | 3 |
| | | | | | | 7° Langue et littérature anglaises. | 3 |
| | | | | | | 8° Histoire et littérature anglaises. | 3 |

CONCOURS SUPPLÉMENTAIRES POUR LES
HONORABLES, PRIX ET

| | NOM de l'examen. | NOMBRE de sessions par an. | CONDITIONS et minimum d'âge. | DROITS à acquitter. | DE COMBIEN de parties se compose l'examen. | NATURE DE L'EXAMEN. | DURÉE du temps accordé. (Heures.) |
|---|---|---|---|---|---|---|---|
| **LETTRES.** | *For Honours* | 1 Une semaine après l'examen de *Pass.* | Id. | Gratuit. | 6 (L'examen dure 3 jours.) | 1 En Mathématiques et Physique mécanique. | 3 heures pour chacun des six papiers. |
| | | | | | Six papiers en 3 jours. | 2° En Latin. | 3 heures pour chaque composition. |

## BACCALAURÉAT ÈS ARTS.

| PROGRAMME des matières de l'examen pour 1877. | OBSERVATIONS. | NOMBRE des candidats en 1877. | ONT été reçus. | NOMBRE des candidats reçus aux examens pour les Honneurs en 1877. | 1re divis | 2e divis. | 3e divis. | OBSERVATIONS. |
|---|---|---|---|---|---|---|---|---|
| Horace, *Odes*, livres III et IV (et questions philologiques). Série de questions et phrases à traduire. Homère, *Odyssée*, chant XII. Version, et questions grammaticales. Y compris équation du $1^{er}$ degré, proportions et progression. 4 premiers livres d'Euclide. Dictée et questions philologiques. Répondre à 10 questions sur 15. Mécanique : résolution des forces, machines simples, centre de gravité, etc., hydrostatique, hydraulique, acoustique et optique. Des éléments non métalliques, etc. | Sans dictionnaire. *Id. id. id.* Le $1^{er}$ lauréat reçoit une bourse de 750 f., le second de 500 f., le $3^e$ de 375 f., le $4^e$ un prix de 250 f. en livres ou argent. Les $5^e$ et $6^e$ un prix de 125 f. Les autres, admis et classés dans les deux $1^{res}$ divisions, ont droit de se présenter 6 mois après au premier baccalauréat. | 1160 | 505 | Il n'y a pas d'examen spécial pour les Honneurs à l'épreuve d'immatriculation; les vingt premiers sont classés en trois divisions. | | | | De nombreuses bourses ont été fondées récemment. Savoir: une bourse annuelle de 1250 fr. pour trois ans au candidat le plus distingué de University college, pourvu qu'il ait passé dans les deux premières divisions de l'examen d'immatriculation. Des bourses analogues pour les premiers candidats sortant du Collège royal de médecine d'Epsom et de University college Manchester, ainsi que pour plusieurs établissements des colonies. |
| Horace, *Épitres*, Tite Live, l. IX. Xenophon, *Cyropédie*, I. Version et thème, et questions grammaticales. Extraction de la racine carrée, proportions et variations algébriques, logarithmes, etc. Histoire de la littérature de 1600 à 1688. Milton, *Paradis perdu*. Kington Oliphant, *Sources of Standard English*, 1, 5. Chancer. *Clerkes and Squyres Tale*. | Sans dictionnaire. *id. id.* | 250 | 110 | | | | | |
| BOURSES, MENTIONS MÉDAILLES. Algèbre, théorie des équations, trigonométrie plane et sphérique, sections coniques, géométrie des trois dimensions, etc. calcul différentiel, calcul intégral, statique, dynamique..... | Les candidats admis sont subdivisés en trois classes par ordre de mérite. | | | 8 | 2 | 2 | 4 | |
| Versions, tirées des auteurs prescrits : Plaute, *Trinummus*. Les captifs. Terence, *l'Andrienne et l'Hécyre*. Lucrèce, livres III et IV. Virgile. Horace. Juvenal, 4 satires. Perse, 2 satires. Cicéron, *De officiis*, *De oratore*, *Pro Milone*, *Pro Cluentio*, *Verrines*. Tite-Live, livres VIII, IX, X. Tacite, *Annales*, livres I à VI. Thèmes : Questions grammatic., philologiques, historiques et littér. (Dissertation en anglais sur un sujet de littérat. latine.) | | | | 17 | 10 | 4 | 3 | |

**LETTRES (SUITE).**

## TABLEAU I (suite). — IMMATRICULATION ET PREMIER

| NOM de l'examen. | NOMBRE de sessions par an. | CONDITIONS et minimum d'âge. | DROITS à acquitter. | DE COMBIEN de parties se compose l'examen. | NATURE DE L'EXAMEN. | DURÉE du temps accordé. (Heures.) |
|---|---|---|---|---|---|---|
| *For Honours.* | Une semaine après l'examen de *Pass.* | 17 ans. | Gratuit. | 2 (L'examen dure 1 jour.) | 3° En Français. | 3 heures pour chaque papier. |
| | | | | 2 (En 1 jour.) | 4° En Allemand. | 3 |
| | | | | 4 (En 2 jours.) | 5° En Anglais. | 3 |

## TABLEAU II. — DEUXIÈME BACCALAURÉAT ÈS ARTS,

| NOM de l'examen. | NOMBRE de sessions par an. | CONDITIONS et minimum d'âge. | DROITS à acquitter. | DE COMBIEN de parties se compose l'examen. | NATURE DE L'EXAMEN. | DURÉE du temps accordé. (Heures.) |
|---|---|---|---|---|---|---|
| *Pass* ou admission simple. | 1 | 18 ans. | 125 fr. | 8 | 1° Grec. | 3 |
| | | | | | 2° Latin. | 3 |
| | | | | | 3° Grec et histoire grecque. | 3 |
| | | | | | 4° Français ou allemand. | 3 |
| | | | | | 5° Mécanique et physique. | 3 |
| | | | | | 6° *Id.* | 3 |
| | | | | | 7° Logique. | 3 |
| | | | | | 8° Morale. | 3 |

CONCOURS SUPPLÉMENTAIRE POUR BOURSES, PRIX

| NOM de l'examen. | NOMBRE de sessions par an. | CONDITIONS et minimum d'âge. | DROITS à acquitter. | DE COMBIEN de parties se compose l'examen. | NATURE DE L'EXAMEN. | DURÉE du temps accordé. (Heures.) |
|---|---|---|---|---|---|---|
| 2° examen du Baccalauréat ès Arts. Concours pour les Honneurs. | Une semaine après l'examen d'admission simple obligatoire pour tous. | » | Aucun droit supplémentaire. | » | 1° Mathématique et physique. | « |
| | | | | » | 2° Classiques. | » |

## BACCALAURÉAT ÈS ARTS.

| PROGRAMME<br>des matières de l'examen<br>pour 1877 | OBSERVATIONS. | NOMBRE<br>des<br>candidats<br>en<br>1877. | ONT<br>été<br>reçus. | NOMBRE<br>des candidats<br>reçus aux examens<br>pour les Honneurs<br>en 1877. | | | OBSERVATIONS. |
|---|---|---|---|---|---|---|---|
| | | | | 1re<br>divis. | 2e<br>divis. | 3e<br>divis. | |
| Vers... a et thème. — Voltaire : *Zaïre, Alzire, Merope, Mahomet, Tancrède.* Lamartine : *Premières médital. poétiques, Harmonies poétiques et relig.* Hist. de la littér. de 1746 à 1789. | 1876, *id.* | » | 7 | 2 | 1 | 4 | |
| Version et thème. Poètes lyriques du XIXe siècle et particulièrement Rückert, Wilhelm Muller, Heine, Lenau, et Geibel Schillers, *Wallenstein's Tod.* | 1876, *id.* | » | 3 | 3 | 0 | 0 | |
| Hist. d'Angleterre de 1548 à 1603. Histoire de la littérature anglaise de 1549 à 1646. Bacon, *Essays*, 25 35. Spencer, *Faeric Queen.* Piers Plowman, Prol. et P. I-VIII. Abbot, *Shakspearian grammar.* | *id.* | » | 11 | 3 | 3 | 5 | |
| | Total. | | 46 | | | | |

## MAITRISE ÈS ARTS ET DOCTORAT ÈS LETTRES.

| | OBSERVATIONS. | NOMBRE<br>des<br>candidats<br>en<br>1877. | ONT<br>été<br>reçus. | 1re<br>divis. | 2e<br>divis. | 3e<br>divis. | OBSERVATIONS. |
|---|---|---|---|---|---|---|---|
| Hérodote, liv. II. Cicéron, *Tusculum*, liv. V. Jusqu'à la mort d'Alexandre Thème et questions grammatic. Statique, dynamique, hydrostatique, hydraulique, optique, acoustique, astronomie. *Id.* Des noms, notions, propositions, syllogismes, inductions, sensibilité, intelligence, volonté. | » | 141 | 55 | » | » | » | |
| LES MENTIONS HONORABLES, ET MÉDAILLES.<br>Géométrie à deux et trois dimensions, équations différentielles, calcul des variations, dynamique, hydrostatique et hydrodynamique, optique et astronomie plane. | » | » | » | 0 | 0 | 0 | |
| *Grec.* Homère, les 12 premiers livres de l'Iliade et Odyssée, VI à XII ; Eschyle, *Agamemnon et Euripide* ; Sophocle, 3 tragédies ; Euripide, 2 tragédies ; Aristophane, 2 comédies ; Hérodote, liv. 2, 7 ; Thucydide, liv. 1, 3, 4 ; Démosthène et Eschine, *Discours sur l'embassade* ; Platon, *République*, liv. 6, 7, 8 ; Aristote, *Politique*, 1, 2, 3. *Latin.* Même liste que pour le 1er examen de baccalauréat ès arts for Honours : de plus, version et thème ; questions grammaticales, historiques et géographiques relatives aux auteurs prescrits. | » | » | » | 1 | 2 | 0 | |

TABLEAU II (suite).  DEUXIÈME BACCALAURÉAT ÈS ARTS,

LETTRES (SUITE).

| NOM de l'examen. | NOMBRE de sessions par an. | CONDITIO et minimum d'âge. | DROITS à acquitter. | DE COMBIEN de parties se compose l'examen. | NATURE DE L'EXAMEN. | DURÉE du temps accordé. (Heures.) |
|---|---|---|---|---|---|---|
| 2e examen du Baccalauréat ès Arts. Concours pour les Honneurs. | 1 Une semaine après l'examen d'admiss. simple obligat. pour tous. | » | Aucun droit supplémentaire. | » | 3° Logique et morale. | » |
| | | | | » | 4° Français ou Allemand. | » |
| Maitrise ès Arts. | 1 | 19 ans. | 250 fr. | 8 à 24 | 1° Classiques (Branche I). | » |
| | | | | | 2° Mathématiques et physique (Branche II). | » |
| | | | | | 3° Logique et psychologie (Branche III). | » |
| Doctorat en littérature. | 1 | Avoir 21 ans et être Bachelier ès arts depuis une année académique. | 250 fr. | 1re épreuve en juin. | Examen écrit. Les maitres ès arts (Br. 1) sont dispensés de cette 1re épreuve. | » |
| | | | | 2e épreuve en décembre. | L'examen porte sur une des sept branches ci-contre. | » |
| Examens sur les textes sacrés. | 1 | Avoir passé le 2e examen le Baccal. ès arts. | » | 1re épreuve. | L'examen porte sur deux des sujets ci-contre. | » |
| | 1 | Deux ans après la 1re épreuve. | » | 2e épreuve. | L'examen porte sur trois des sujets ci-contre. | » |

## MAITRISE ÈS ARTS ET DOCTORAT ÈS LETTRES.

| PROGRAMME des matières de l'examen pour 1877. | OBSERVATIONS. | NOMBRE des candidats en 1877. | ONT été reçus. | NOMBRE des candidats reçus aux examens pour les Honneurs en 1877. | | | OBSERVATIONS. |
| --- | --- | --- | --- | --- | --- | --- | --- |
| | | | | 1re divis. | 2e divis. | 2e divis. | |
| Même programme que pour le 2d B. A. for Pass avec beaucoup plus de détails, en 4 papiers. | » | » | » | 3 | 3 | 4 | |
| Versions, thèmes et questions orales, et conversation. | Examen oral. | » | Franç. / Allem. | 3 / 1 | 2 / 1 | 2 / 1 | |
| Les classiques latins et grecs; thèmes grec, latin, et dissertation anglaise; histoire ancienne; histoire de l'Europe jusqu'à la fin du XVIIIe siècle. | | | | | | | |
| Même programme que pour les honneurs au 2d B. A., en y ajoutant les intégrales défin's, la théorie des probabilités, l'astronomie physique, le son et l'optique physique. | » | 13 | » | | 12 | | Dont un seulement avec mention honorable. (Classiques.) |
| Même programme que pour les honneurs du 2d B. A., en y ajoutant les systèmes d'éthique, philosophie, politique, histoire de la philosophie, et économie politique. (Avec liste d'auteurs variant chaque année.) | | | | | | | |
| Même programme que pour la maîtrise ès arts. (Branche I.) | » | » | » | | » | | |
| Langue, littérature et histoire : 1. Anglaise. 2. Française. 3. Allemande. 4. Anglo-saxonne et islandaise. 5. Sanscrite. 6. Arabe. 7. Hébraïque et syriaque. | » | » | » | | » | | |
| 1. Texte hébreu de la Genèse. 2. Texte grec de Saint-Luc. 3. Paley's evidences. — Butler's analysis. 4. Histoire scripturale. | Aucune question ne doit avoir trait à un point doctrinal en litige. | » | » | | » | | Les candidats qui sont classés dans la 1re division reçoivent des livres pour une valeur de 125 fr. |
| 1. Texte hébreu de l'Ancien Testament (2 livres prescrits annuellement) 2. Texte grec du Nouveau Testament (environ deux évangiles ou un livre d'épîtres prescrits annuellement). 3. Témoignages et preuves de la religion chrétienne. 4. Histoire critique des livres de la Bible. | Aucune question ne doit exiger l'expression d'une croyance religieuse. | » | » | | » | | Les candidats classés dans la 1re division reçoivent des livres pour une valeur de 250 fr. |

TABLEAU III.                                        PREMIER ET DEUXIÈME BACCALAURÉA[...]

| | NOM DE L'EXAMEN. | NOMBRE des sessions par an. | MINIMUM d'âge. | DROITS à acquitter. | DE COMBIEN de parties ou compositions se compose l'examen. | NATURE DE L'EXAMEN. |
|---|---|---|---|---|---|---|
| **SCIENCES.** | 1er Baccalauréat ès sciences. (1er B. Sc.) — *Pass.* | 1 | 17 ans. | 125 fr. | 8 | 1° Chimie. 2° Chimie. 3° Physique mécanique. 4° Physique. 5° Arithmétique et algèbre. 6° Géométrie, trigonométrie et sections coniques. 7° Botanique et physiologie végétales. 8° Zoologie. — |
| | *For Honours.* | 1 | | | 6 / 2 / 2 / 2 / 2 | CONCOURS SUPPLÉMENTAIR[E] 1° En mathématiques et physique mécanique. 2° Physique expérimentale. 3° Chimie. 4° Botanique. 5° Zoologie. |
| | 2e Baccalauréat ès sciences. — *Pass.* | 1 | 18 ans. | 125 fr. | 8 | 1° / 2° { Mécanique et physique naturelle. 3° Géologie et paléontologie. 4° Physiologie animale. 5° / 6° { Chimie. 7° / 8° { Logique et philosophie. |
| | *For Honours.* | 1 | | | 6 / 4 / 2 / 2 / 4 | CONCOURS SUPPLÉMENTAIR[E] 1° Mathématiques et physique. 2° Logique et philosophie morale. 3° Chimie. 4° Zoologie. 5° Botanique. 6° Géologie et paléontologie. |
| | Pas de maîtrise ès sciences. | | | | | |
| | Doctorat ès sciences. | 1 | 20 ans. | 250 fr. | 8 | Les candidats seront examinés à leur choix dans une ou plus des seize branches ci-contre : |

## SCIENCES ET DOCTORAT ÈS SCIENCES.

| DURÉE. | PROGRAMME DES AUTEURS et matières pour 1877. | OBSERVATIONS. | NOMBRE des candidats en 1877. | ONT ÉTÉ REÇUS en 1877. | |
|---|---|---|---|---|---|
| 3 | Programme très chargé. | | | | |
| 3 | » | | | | |
| 3 | » | | | | |
| 3 | » | | | | |
| 3 | Y compris les équations simples et quadratiques et l'usage des logarithmes. | | | | |
| 3 | Géométrie, le XIe liv. d'Euclyde jusqu'à la prop. XXI. Mesure des plans et des solides, etc. | Les candidats doivent apporter une lentille de poche ou un microscope simple à deux pouvoirs. | 66 | 37 | |
| 3 | » | | | | |
| 3 | » | | | | |

POUR LES HONNEURS, BOURSES, ETC.

| | PROGRAMME | OBSERVATIONS. | NOMBRE | ONT ÉTÉ REÇUS | |
|---|---|---|---|---|---|
| | Y compris calcul différentiel, calcul intégral, etc. | | | Concours pour les Honneurs. | |
| | » | | | | |
| | » | Les candidat reçus sont classés en trois divisions par ordre de mérite. | » | 0 | |
| | Histologie végétale, morphologie végétale, physiologie végét., botanique systémat. | | | | |
| | » | | | | |
| | Statique, dynamiq., hydrostatiq., hydraulique, optique, acoustique, astronomie. | | | | |
| | » | | | | |
| | Y compris l'histoire générale du développement et des métamorphoses dans les principaux types d'animaux. | » | 57 | 31 | |
| | Chimie organique. | | | | |
| | » | | | | |

Honneurs.

| 1re divis. | 2e divis. | 3e divis. | |
|---|---|---|---|
| » | 1 | 1 | Physique espérim. |
| » | » | » | |
| » | 3 | » | Chimie. |
| » | » | » | |
| » | 1 | » | Botanique. |
| » | 3 | » | Géologie. |

POUR LES MENTIONS HONORABLES.

| | PROGRAMME | OBSERVATIONS. | NOMBRE | ONT ÉTÉ REÇUS | |
|---|---|---|---|---|---|
| | » | | | | |
| | » | | | | |
| | » | » | » | | |
| | » | | | | |
| | » | | | | |

| | PROGRAMME | OBSERVATIONS. | NOMBRE | ONT ÉTÉ REÇUS | |
|---|---|---|---|---|---|
| | I. Mathématique pure.—II Sciences mécaniques.—III. Astronomie.—IV. Chimie inorganique.—V. Chimie organique.—VI. Électricité,—VII. Magnétisme.—VIII. Optique, physique, chaleur et acoustique.—IX. Physiologie animale.—X. Anatomie comparée.—XI. Zoologie.—XII. Physiologie végétale.—XIII. Botanique systématique.—XIV. Géologie,—XV. Paléontologie.—XVI. Logique et morale. | » | 7 | 3 | |

TABLEAU IV.         PREMIER ET DEUXIÈME BACCALAURÉ.

**DROIT.**

| NOM DE L'EXAMEN. | NOMBRE de sessions par an. | MINIMUM d'âge. | DROITS à acquitter. | DE COMBIEN de parties ou compositions se compose l'examen. | NATURE DE L'EXAMEN. |
|---|---|---|---|---|---|
| 1er Baccalauréat en Droit. — *Pass* (ou simple admission). | 1 | | | 5 | 1°/2° Jurisprudence.<br>3°/4° Droit romain.<br>5° Histoire constitutionnelle de l'Angleterre. |
| | | 19 ans. | 125 fr. | | CONCOURS SUPPLÉMENTAIRE |
| *Honours.* (Concours pour les bourses et rangs.) | 1 | | | 4 | 1° Jurisprudence et droit romain. |
| 2e Baccalauréat en Droit. — *Pass.* | 1 | | | 5 | 1°/2° Droit commun.<br>3° Droit, propriété.<br>4° Équité.<br>5° Droit romain. |
| | | 20 ans. | 125 fr. | | CONCOURS SUPPLÉMENTAIRE |
| *Honours.* | 1 | | | 4 | Droit commun.<br>Équité. |
| Pas de maîtrise en Droit. | | | | | |
| Doctorat en Droit. | | 21 ans. | 250 fr. | 6 | 1°/2° Droit romain.<br>3°/4° Au choix { Droit commun. / Propriété. / Équité.<br>5°/6° Droit international. / Jurisprudence. / Principes de législation. |

## N DROIT ET DOCTORAT EN DROIT.

| DURÉE | PROGRAMME DES AUTEURS et matières pour 1877. | OBSERVATIONS. | NOMBRE des candidats en 1877. | ONT ÉTÉ REÇUS en 1877. | | |
|---|---|---|---|---|---|---|
| » | Conférences d'Austin sur la Jurisprudence générale, 3e édition. Les Institutes de Justinien avec le Commentaire d'Ortolan, et les deux parties de l'Introduction (en français), l'Institut de Gaïus. Droit ancien de Maine. | Les candidats admis ont été classés en deux divisions par ordre alphabétique. | 43 | 29 | | |
| | | | | **Honneurs.** | | |
| | | | | 1re divis. | 2e divis. | 3e divis. |
| POUR LES HONNEURS, ETC. | » | Les candidats sont classés en trois divisions. | » | 4 | 3 | 8 |
| » | Des témoignages, des contrats, etc. Nature et origine de la jurisprudence d'Équité en Angleterre. Des dépôts, hypothèques, fraudes, et de la propriété des femmes mariées. Une portion du *Digeste, Locati conducti,* XIX, 2. Histoire du droit romain jusqu'à Justinien. | » | 22 | 10 | | |
| | | | | **Honneurs.** | | |
| | | | | 1re divis. | 2e divis. | 3e divis. |
| POUR LES HONNEURS, ETC. | » | Les candidats sont divisés en trois classes. | » | 0 | 0 | 1 |
| » | » | Le candidat qui se sera le plus distingué recevra une médaille d'or de la valeur de 500 fr. | 2 | 0 | | |

| TABLEAU V. | | EXAMEN PRÉLIMINAIRE (SCIENTIFIQUE), PREMIER... EN MÉDECINE, BACCALAURÉAT... | | | | |
|---|---|---|---|---|---|---|
| | NOM DE L'EXAMEN. | CONDITIONS A REMPLIR. | NOMBRE des sessions. | MINIMUM d'âge. | DROITS à acquitter. | DE COMBIEN de parties se compose l'examen. |
| **MÉDECINE.** | Examen préliminaire en Sciences. | Avoir passé l'examen de matriculation, ou Être gradué des Universités de Sydney, Melbourne, Calcutta ou Madras. | 1 | 17 ans. | 125 fr. | 8 |
| | 1<sup>er</sup> Baccalauréat en Médecine. | 1° Avoir subi l'examen préliminaire scientifique. 2° Avoir été étudiant deux ans à une des écoles de médecine reconnues par l'Université. 3° Avoir disséqué pendant deux sessions d'hiver. 4° Avoir suivi un cours de chimie pratique. 5° Avoir suivi un cours de pharmacie pratique. | 1 | 19 ans. | 125 fr. | 5 Examen écrit. 3 Examen oral. (L'examen dure six jours.) |
| | 2<sup>e</sup> Baccalauréat en Médecine. | 1° Avoir passé le 1<sup>er</sup> Baccalauréat depuis deux ans accomplis. 2° Avoir suivi deux cours. 3° Avoir présidé à vingt accouchements. 4° Avoir suivi la pratique chirurgicale d'un hôpital pendant deux ans. 5° Id. pour la pratique médicale et cours de clinique. 6° Six mois de pratique dans un hôpital. | 1 | 22 ans. | 125 fr. | 9 |

# DEUXIÈME BACCALAURÉAT EN MÉDECINE, DOCTORAT EN CHIRURGIE, MAITRISE EN CHIRURGIE.

| NATURE DE L'EXAMEN. | DURÉE du temps accordé. (Heures.) | PROGRAMME des matières de l'examen. | OBSERVATIONS. | NOMBRE des candidats en 1877. | CANDIDATS REÇUS EN 1877. |
|---|---|---|---|---|---|
| 1. 2. { Chimie.<br>3. Physique mécanique.<br>4. Physique.<br>5. Botanique et physiologie végétale.<br>6. Zoologie.<br>7. 8. { Chimie, examen oral, expériences. | »<br>»<br>»<br>»<br>»<br>» | | | 166 | 90 |
| CONCOURS SUPPLÉMENTAIRE POUR MENTIONS HONORABLES, BOURSES, ETC.<br>1. Physique expérimentale.<br>2. Chimie.<br>3. Botanique.<br>4. Zoologie. | 3<br>»<br>»<br>» | | | | Honneurs.<br><br>1re div. / 2e div. / 3e div.<br>Chimie : 2 2 5<br>Physiq. expér. : 2 2 2<br>Botanique : 1 5 2<br>Zoologie : 2 1 4 |
| 1. 2. { Anatomie.<br>3. Physiologie.<br>4. Matières médicales et chimie pharmaceutique.<br>5. Chimie organique.<br>1. Physiologie. } Avec<br>2. Anatomie. } expéri-<br>3. *Materia medica.* } mentation. | 6<br>3<br>3<br>3<br>» | | Trois classes. | 92 | 48 |
| CONCOURS SUPPLÉMENTAIRE POUR LES HONNEURS, ETC.<br>en une des trois branches suivantes :<br>1. Anatomie.<br>2. Physiologie, histologie, anatomie comparée.<br>3. *Materia medica* et chimie. | »<br>»<br>» | | | | Honneurs.<br><br>1re div. / 2e div. / 3e div.<br>Anatomie : 2 2 2<br>Physique : 0 3 3<br>*Materia medica* : 2 3 1 |
| 1. Médecine d'accouchement.<br>2. Pathologie, thérapeutique, hygiène.<br>3. Chirurgie.<br>4. Médecine.<br>5. Médecine judiciaire.<br>6. Examen pratique, accouchements.<br>7. Examen pratique, médecine judiciaire.<br>8. Examen de patients dans un hôpital.<br>9. Interrogation orale. | »<br>»<br>»<br>»<br>»<br>»<br>»<br>»<br>» | | Les candidats devront écrire les ordonnances médicales en latin et sans abréviations. | 15 | 22 |
| CONCOURS SUPPLÉMENTAIRE POUR LES HONNEURS, ETC.<br>1. Médecine.<br>2. Médecine d'accouchement.<br>3. Médecine judiciaire. | »<br>»<br>» | | | | Honneurs.<br><br>1re div. / 2e div. / 3e div.<br>Médecine : 3 1 0<br>Accouchement : 4 6 0<br>Méd. judiciaire : 2 1 3 |

TABLEAU V (suite).                    EXAMEN PRÉLIMINAIRE 'SCIENTIFIQUE), PREMIER
EN MÉDECINE, BACCALAURÉAT

| | NOM DE L'EXAMEN. | CONDITIONS A REMPLIR. | NOMBRE des sessions. | MINIMUM d'âge. | DROITS à acquitter. | DE COMBIE[N] de parties se compos[e] l'examen. |
|---|---|---|---|---|---|---|
| **MÉDECINE (SUITE).** | Doctorat en Médecine. | 1° Avoir passé le 2ᵉ Baccalauréat en médecine. 2° Avoir suivi depuis deux années de clinique dans un hôpital ou avoir exercé la profession de médecin pendant cinq ans depuis le deuxième Baccalauréat. 3° Un certificat de moralité. | 1 | » | 125 fr. | 6 |
| | Baccalauréat en Chirurgie. | 1° Avoir passé le deuxième examen pour le deuxième Baccalauréat en médecine. 2° Avoir suivi un cours de chirurgie et avoir disséqué. | 1 | 21 ans 1/2. | 125 fr. | 5 |
| | Maitrise en Chirurgie. | 1° Avoir passé le Baccalauréat en chirurgie. 2° Avoir suivi deux ans la clinique d'un hôpital ou exercé cinq ans. 3° Produire un certificat de moralité dûment signé | 1 | 25 ans. | 125 fr. | 7 |

DEUXIÈME BACCALAURÉAT EN MÉDECINE, DOCTORAT
EN CHIRURGIE, MAITRISE EN CHIRURGIE.

| NATURE DE L'EXAMEN. | DURÉE du temps accordé. (Heures.) | PROGRAMME des matières de l'examen. | OBSERVATIONS. | NOMBRE des candidats en 1877. | CANDIDATS REÇUS EN 1877. | | | |
|---|---|---|---|---|---|---|---|---|
| Logique et philosophie morale.<br>Commentaires sur un cas de médecine ou d'obstétrique au choix.<br>Médecine.<br>Examen de patients dans un hôpital.<br>Interrogation orale. | »<br>»<br>»<br>»<br>» | | Le candidat le plus distingué recevra une médaille d'or de la valeur de 500 fr. | 15 | 8 | | | |
| Anatomie chirurgicale et opérations.<br>Examen chirurgique de patient.<br>Opération chirurgicale sur cadavre.<br>Pose d'appareil chirurgique.<br>Interrogation orale. | »<br>»<br>»<br>» | | | 6 | 3 | | | |
| CONCOURS SUPPLÉMENTAIRE POUR LES HONNEURS, BOURSES, ETC.<br>Deux compositions écrites sur la chirurgie. | » | | Le candidat qui se sera le plus distingué recevra une bourse annuelle de 1250 francs pendant deux ans. | | Honneurs. | 1re div. | 2e div. | 3e div. |
| | | | | | Chirurgie.... | 2 | 0 | 0 |
| Logique et philosophie morale.<br>Commentaires sur un cas chirurgique.<br>Anatomie chirurgicale.<br>Chirurgie. Examen chirurgique de patient dans un hôpital.<br>Dissection ou exécution d'opérations chirurgicales.<br>Interrogation orale. | »<br>»<br>»<br>»<br>» | | Le candidat qui se sera le plus distingué en chirurgie recevra une médaille d'or de 500 francs. | 1 | 1 | | | |

# APPENDICES

## I

### TABLEAU STATISTIQUE

*indiquant le nombre des candidats qui se sont présentés et ont été reçus
aux divers Examens de l'Université,
depuis sa fondation jusqu'à l'année 1877, y comprise.*

| ANNÉES. | MATRICULATION. | | BACCALAURÉAT ÈS ARTS. | | | | MAÎTRISE ÈS ARTS. | |
|---|---|---|---|---|---|---|---|---|
| | | | 1er examen. | | 2e examen. | | | |
| | Nombre de candidats. | Candidats admis. | Nombre de candidats. | Candidats admis. | Nombre de candidats | Candidats admis. | Nombre de candidats. | Candidats admis. |
| 1838-67 | 7,950 | 5,779 | 1,427 | 911 | 1,085 | 1,458 | 194 | 172 |
| 1870 | 828 | 420 | 201 | 102 | 121 | 61 | 15 | 9 |
| 1877 | 1,160 | 505 | 250 | 120 | 144 | 55 | 13 | 12 |
| Total depuis la fondation de l'Université. | 17,312 | 10,243 | 3,525 | 1,903 | 3,296 | 2,093 | 354 | 285 |

| ANNÉES. | DOCTORAT EN LITTÉRATURE. | | BACCALAURÉAT ÈS SCIENCES. | | | | DOCTORAT ÈS SCIENCES. | |
|---|---|---|---|---|---|---|---|---|
| | | | 1er examen. | | 2e examen. | | | |
| | Nombre de candidats. | Candidats admis. | Nombre de candidats. | Candidats admis | Nombre de candidats. | Candidats admis. | Nombre de candidats. | Candidats admis. |
| 1838-67 | » | » | 227 | 94 | 121 | 75 | 17 | 9 |
| 1870 | 1 | 0 | 22 | 10 | 21 | 11 | 7 | 6 |
| 1877 | 3 | 0 | 66 | 37 | 57 | 34 | 7 | 5 |
| Total depuis la fondation de l'Université. | 9 | 1 | 768 | 375 | 375 | 233 | 57 | 31 |

| ANNÉES | BACCALAURÉAT EN DROIT. | | | | DOCTORAT EN DROIT. | |
|---|---|---|---|---|---|---|
| | 1er examen. | | 2e examen. | | | |
| | Nombre de candidats. | Candidats admis. | Nombre de candidats. | Candidats admis. | Nombre de candidats. | Candidats admis. |
| 1838-67 | 17 | 16 | 206 | 193 | 35 | 22 |
| 1870 | 26 | 12 | 8 | 4 | 2 | 2 |
| 1877 | 45 | 29 | 22 | 10 | 2 | 0 |
| Total depuis la fondation de l'Université. | 363 | 205 | 368 | 278 | 63 | 33 |

| ANNÉES. | EXAMEN PRÉLIMINAIRE AU BACCALAURÉAT EN MÉDECINE. | | | | | |
|---|---|---|---|---|---|---|
| | Examen scientifique. | | 1er examen. | | 2e examen. | |
| | Nombre de candidats. | Candidats admis. | Nombre de candidats. | Candidats admis. | Nombre de candidats. | Candidats admis. |
| 1838-67 | 619 | 362 | 1,100 | 785 | 619 | 525 |
| 1870 | 98 | 34 | 49 | 32 | 24 | 24 |
| 1877 | 166 | 90 | 92 | 48 | 32 | 22 |
| Total depuis la fondation de l'Université. | 1,975 | 1,044 | 1,633 | 1,134 | 881 | 736 |

| ANNÉES. | DOCTORAT EN MÉDECINE. | | BACCALAURÉAT EN CHIRURGIE. | | MAITRISE EN CHIRURGIE. | | TOTAL des candidats à tous les examens. |
|---|---|---|---|---|---|---|---|
| | Nombre de candidats. | Candidats admis. | Nombre de candidats. | Candidats reçus. | Nombre de candidats. | Candidats reçus. | |
| 1838-67 | 288 | 261 | 8 | 8 | 9 | 7 | 14,831 |
| 1870 | 16 | 11 | 3 | 3 | » | » | 1,442 |
| 1877 | 15 | 8 | 6 | 3 | 1 | 1 | 2,081 |
| Total depuis la fondation de l'Université. | 440 | 366 | 54 | 49 | 18 | 15 | 31,491 |

## II

### EXAMEN D'ENTRÉE OU D'IMMATRICULATION.
#### (Session de janvier 1877.)

| AGE. | NOMBRE des candidats. | NOMBRE des candidats reçus avec mention honorable. | CANDIDATS refusés. | MOYENNE p. 100 des candidats refusés. |
|---|---|---|---|---|
| 16 ans. . . . . . . . . . . . . | 58 | 5 | 34 | 58,6 |
| 17 ans. . . . . . . . . . . . . | 92 | 6 | 50 | 54,3 |
| 18 ans. . . . . . . . . . . . . | 92 | 6 | 63 | 70,0 |
| 19 ans. . . . . . . . . . . . | 44 | » | 21 | 47,7 |
| 20 ans. . . . . . . . . . . . | 30 | 2 | 22 | 73,3 |
| 21 à 24 ans. , . . . . . . . . | 80 | 9 | 46 | 57,0 |
| 25 à 30 ans. . . . . . . . . . | 27 | 0 | 20 | 74,0 |
| Au-dessus de 30 ans. . . . . | 17 | 0 | 13 | 73,0 |
| Total. . . . . . . . . | 438 | 28 | 269 | 61.4 |

#### *Premier Baccalauréat ès arts.* (Session de juillet 1877.)

| AGE. | NOMBRE des candidats. | CANDIDATS REÇUS. 1re divis. | CANDIDATS REÇUS. 2e divis. | CANDIDATS refusés. | MOYENNE p. 100 des candidats refusés. |
|---|---|---|---|---|---|
| De 16 à 20 ans. . . . . . . | 109 | 48 | 10 | 51 | 46,7 |
| De 21 à 25 ans. . . . . . . | 84 | 30 | 12 | 42 | 50,0 |
| De 26 à 30 ans. . . . . . . | 32 | 7 | 3 | 22 | 68.7 |
| Au-dessus de 30 ans. . . . . | 18 | 2 | 5 | 11 | 61,1 |
| Total. . . . . . . . | 243 | 87 | 30 | 127 | 51.8 |

#### *Deuxième Baccalauréat ès arts.* (Session de 1877.)

| | | | | | |
|---|---|---|---|---|---|
| | 143 | 32 | 23 | 88 | 61,5 |

#### *Premier Baccalauréat ès sciences.* (Session de 1877.)

| | | | | | |
|---|---|---|---|---|---|
| | 66 | 28 | 8 | 29 | 43,9 |

#### *Deuxième Baccalauréat ès sciences.* (Session de 1877.)

| | | | | | |
|---|---|---|---|---|---|
| D'après l'ancien règlement. | 31 | 7 | 11 | 13 | 41,9 |
| D'après le nouveau règlem. | 26 | 8 | 8 | 10 | 38,4 |

# III

## SPÉCIMENS DES QUESTIONS DES PAPIERS D'EXAMEN [1].

### IMMATRICULATION.

### *Latin.*

1° *Version.* — Généralement plusieurs passages de quinze à vingt lignes pris çà et là dans la portion des auteurs prescrits.

2° *Questions.* — Donnez un résumé de la constitution de Servius Tullius. — Décrivez les fonctions de consul, censeur, édile curule, prætor urbanus, prætor peregrinus. — Faites un tableau chronologique des principaux événements de la première guerre punique. — Écrivez un abrégé de la vie de Marius, etc... — Tracez une carte de Rome au temps d'Auguste.

3° *Grammaire.* — Déclinez Eadem domus, uterque consul, piger bos, grave fenus. — Duo, tres, ego, is. — Donnez le genre des mots : Pes, cadaver, collis, culter, olus, codex, populus (o long) porticus, grex. — Donnez le parfait et le supin des verbes : Adimo, condo, descendo, extinguo, fundo, lino, necto, offero, rumpo, verto, volvo, etc.

Corrigez les phrases : Spero ut te persuadere possim; ille melior est quam me, etc...

*Thème.* — Traduisez deux phrases parmi les suivantes : Le chef semble aux soldats plus brave que prudent. — Il vécut quatre ans à Athènes et n'alla jamais à Egine, etc...,

### *Grec* [2].

1° *Version.* — Trois ou quatre passages d'environ quinze lignes pris çà et là dans les auteurs prescrits.

2° *Questions historiques.* — Mentionnez les causes qui ont amené

---

1. Ces questions sont principalement choisies parmi les *papiers* des sessions de 1875. — Toutes les compositions doivent être faites sans dictionnaire.

2. On n'oubliera pas que le grec peut être remplacé par l'allemand, au choix du candidat.

la guerre entre les Grecs et les Perses. — Mentionnez les principales colonies grecques. — Esquissez le caractère d'Epaminondas. — Qu'entend-on par le mot Amphictyonies, etc. (10 questions.)

*Questions grammaticales.* — Écrivez la 3ᵉ p. sing du post-parfai., futur et 1ᵉʳ ou 2ᵉ aoriste indic. act. des verbes :

Μανθάνω, ἔχω, πείθω, πράττω, δυσχεραίνω, γίγνομαι, εὑρίσκω, θνήσκω, τίθημι, αἱρέω, βαίνω, δύναμαι, διδάσκω, τυγχάνω, ἐλαύνω. — Déclinez au singulier et au pluriel : ἡ χρυσέα κόρυς, τὸ μέγα σῶμα, πολὺ γένος, εὐγενὴς φυγάς, ταρρὺς θρίξ, μείζων ἀνήρ. — Dites la différence entre ὅδε, οὗτος, ἐκεῖνος, etc. (6 questions).

## Français.

1° Version. — Un passage de M. Thiers et un du Musée des Familles. — Un autre de Michelet.

2° *Douze questions grammaticales.* — Surtout relatives au genre des noms, aux temps primitifs des verbes irréguliers, etc. — — Écrivez le féminin, des mots : Dieu, duc, héros, cerf, cheval, poulain, etc... — Quelles sont les lettres euphoniques en français ; expliquez-en l'usage en donnant des exemples, etc...

## Allemand.

*Versions.* — Questions analogues à celles du français.

## Anglais.

Écrire de mémoire un passage lu par l'examinateur. — Analyser un passage d'un dialogue et répondre à dix questions sur quinze, roulant sur la philologie.

## Histoire.

Quinze questions comme celles-ci :

Donnez un abrégé de l'histoire du roi Alfred et des résultats de son règne. — Décrivez les circonstances qui se rattachent à la signature de la grande charte. — Combien dura la dynastie Tudor.

— Montrez à quelle époque la force navale de ce pays se développa surtout.

(Pour les autres parties de l'examen, V. les tableaux annexés.)

PREMIER BACCALAURÉAT ÈS ARTS (pour l'admission simple).

### Latin.

1° *Version*. — Deux passages de Tacite — et plusieurs phrases détachées tirées de la portion prescrite. — De même pour un auteur de vers.

2° *Questions grammaticales*. — Donnez les temps principaux des verbes : Vincere, vincire, vivere, parare, parēre, parĕre, coalescere, pascere, gaudere, sternere, adipisci, surgere, tundere. — Donnez le génitif sing. de senex, supellex, caro, cinis, pulvis, nix, aliquis, unusquique, uterque, alteruter. — Quelle différence faites-vous entre *O te miserum!* et *O tu miser!* etc.

3° *Thème*. — Six phrases courtes comme celles-ci :

J'estime très haut votre autorité. — Être satisfait de ce qu'on a, c'est la plus grande et la plus sûre des richesses, etc...

Autres questions relatives à un passage d'Horace tiré des textes prescrits. — Que sont les grands centurions mentionnés dans le passage B? — etc... (10 questions), suivies de six questions historiques et géographiques.

### Grec [1].

*Version*. — Trois passages d'Homère, six questions grammaticales, par exemple : Quelles sont les constructions habituelles de πρίν, πρίν ἄν, ἕως, ἐφ' ὅτε, etc. — Quels cas gouvernent les mots : κατὰ, διὰ, μετὰ, ἐπί, παρά, etc...

PREMIER BACCALAURÉAT ÈS ARTS (concours pour les mentions honorables, bourses et prix).

### Latin.

Un chapitre de Tite-Live, un de Cicéron (de Oratore) et un de Tacite (auteurs prescrits).

1. Obligatoire.

Quatre questions historiques. — Douze questions grammaticales, comme celles-ci : Distinguez entre *non nemo*, et *nemo non*. — Définissez l'ablatif absolu en donnant des exemples tirés d'autres langues. — Changez dans le passage suivant le discours direct en discours indirect. — Corrigez les phrases latines suivantes — et traduisez les six phrases suivantes en latin.

*Thème :* Un morceau de vingt-cinq lignes de Gibbon — un autre de vingt lignes de Grote.

*Autre version.* — Un passage de Virgile (Églogue), un d'Horace (Épîtres), un de Plaute, un de Lucrèce environ vingt à trente vers par passage et deux ou trois questions historiques pour chaque passage. — Douze questions d'histoire et géographie romaine et d'archéologie.

SECOND BACCALAURÉAT ÈS ARTS (concours pour les honneurs).

*Grec et Latin.*

Un passage de Démosthène (une page).

Un passage de Tite-Live. — (Donnez l'abrégé du contenu du livre d'où est tiré le passage et indiquez, en citant les dates, l'époque de l'histoire romaine qu'il embrasse. — Quatre questions sur le texte latin. — Thème consistant en cinq phrases courtes comme celles-ci : Avant d'entreprendre aucune affaire importante les anciens avaient l'habitude de consulter les dieux. — Quoique vous ayez déjà passé deux ans à l'Université, vous paraissez n'avoir fait que peu de progrès, etc...

SECOND BACCALAURÉAT ÈS ARTS (admission simple).

*Classiques. — Version.*

Un passage d'Homère — Odyssée
Un passage d'Aristophane
Un passage d'Euripide
} Avec plusieurs questions grammaticales sur la syntaxe grecque.

Un passage d'Hérodote
Un passage de Platon
Un passage d'Aristote
} Avec des questions historiques relatives aux passages.

Une dissertation en anglais sur un sujet relatif à la littérature grecque et latine à choisir entre cinq. — De la foi qu'il faut ajouter à l'histoire primitive de Rome. — De l'administration des provinces romaines. — Des immigrations étrangères en Grèce durant la période mythique. — De l'influence des conquêtes d'Alexandre en Orient. — De l'influence de la littérature grecque sur la littérature latine.

*Version latine.* — Un passage de Térence, un d'Horace, un de Lucrèce, un de Cicéron, un de Tite-Live, un de Tacite suivis de questions grammaticales et historiques.

*Thème latin.* — Un passage de Macaulay.

*Thème grec.* — Un passage d'un auteur anglais moderne.

Documents manquants (pages, cahiers...)
NF Z 43-120-13